My First Georgian
Alphabets

Picture Book with English Translations

Published By: MyFirstPictureBook.com

ა

ყვავილი

Flower

ბ

ბუ

Owl

გ

გასაღები

Key

ბ

დათვი

Bear

ე

კვერცხი

Egg

3

არწივი

Eagle

ზ

ზეთი

Oil

თ

თევზი

Fish

ი

წყალი

Water

3

კატა

Cat

ლ

ლომი

Lion

მ

მზე

Sun

ნ

ნავი

Boat

ო

ძროხა

Cow

პ

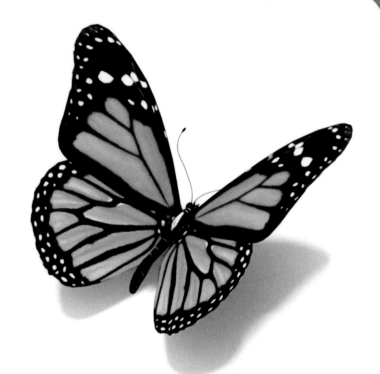

პეპელა

Butterfly

ქ

ჟირაფი

Giraffe

რ

რძე

Milk

ს

სპილო

Elephant

ტ

ტბა

Lake

ჳ

ფუნჯი

Brush

ფ

მეფე

King

ქ

ქუდი

Hat

ღ

ღრუბელი

Cloud

ყ

ყინული

Ice

შ

შაქარი

Sugar

ჩ

ჩანთა

Bag

ც

ცხენი

Horse

ძ

ძაღლი

Dog

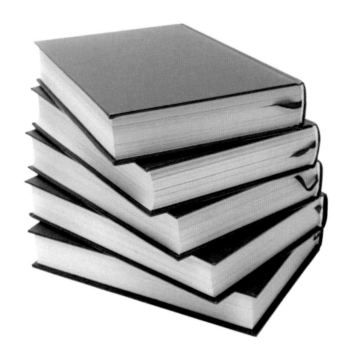

წ

წიგნი

Book

ჭ

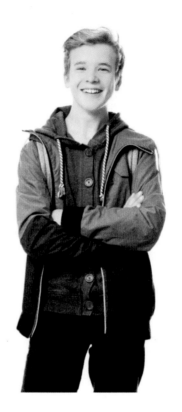

ბიჭი

Boy

�ხ

ხე

Tree

ჯ

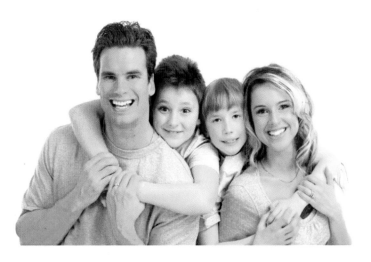

ოჯახი

Family

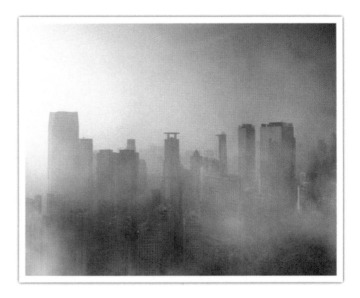

ჰ

ჰაერი

Air

Made in the USA
Monee, IL
22 January 2021

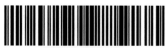